Mark Sarg

„Verfremden Sie sich!“

Mark Sarg

„Verfremden Sie sich!“

Bizarre Kurzgeschichten

Goldene Rakete Verlag für Belletristik

Imprint

Cover image: www.ingimage.com

Publisher:
Goldene Rakete Verlag für Belletristik
is a trademark of
International Book Market Service Ltd., member of OmniScriptum Publishing Group
17 Meldrum Street, Beau Bassin 71504, Mauritius
Printed at: see last page
ISBN: 978-620-0-51968-9

INHALTSVERZEICHNIS

„BENEBELN SIE SICH NICHT!“ 3

„BENEBELN SIE SICH!“ 4

„BENEBELN SIE MICH NICHT!“ 5

„BENEBELN SIE MICH!“ 6

„BEGÜNSTIGEN SIE SICH!“ 7

„BEGÜNSTIGEN SIE SICH NICHT!“ 8

„BEGÜNSTIGEN SIE MICH!“ 9

„BEGÜNSTIGEN SIE MICH NICHT!“ 10

„INFILTRIEREN SIE MICH!“ 11

„INFILTRIEREN SIE MICH NICHT!“ 12

„INFILTRIEREN SIE SICH!“ 13

„INFILTRIEREN SIE SICH NICHT!“ 14

„ILLUSTRIEREN SIE SICH!“ 15

„ILLUSTRIEREN SIE SICH NICHT!“ 16

„ILLUSTRIEREN SIE MICH!“ 17

„ILLUSTRIEREN SIE MICH NICHT!“ 18

DAS HEILSAME ROTZMENSCH 19

DAS VERSTÖRENDE ROTZMENSCH 20

DAS HÖLZERNE ROTZMENSCH 21

DAS PENETRANTE ROTZMENSCH 22

DAS STOISCHE ROTZMENSCH 23

DAS INDOLENTE ROTZMENSCH 24
DAS INSOLENTE ROTZMENSCH 25
DAS INSOLVENTE ROTZMENSCH 26
DAS BIGOTTE ROTZMENSCH 27
DAS ROUTINIERTE ROTZMENSCH 28
DAS BORNIERTE ROTZMENSCH 29
DAS VIRTUELLE ROTZMENSCH 30
DAS VIRTUOSE ROTZMENSCH 31
DAS MARODE ROTZMENSCH 32
„BEFREMDEN SIE SICH!“ 33
„BEFREMDEN SIE SICH NICHT!“ 34
„BEFREMDEN SIE MICH!“ 35
„BEFREMDEN SIE MICH NICHT!“ 36
„VERFREMDEN SIE SICH“ 37
„VERFREMDEN SIE SICH NICHT!“ 38
„VERFREMDEN SIE MICH!“ 39
„VERFREMDEN SIE MICH NICHT!“ 40
„VERDREHEN SIE MICH NICHT!“ 41
„VERDREHEN SIE MICH!“ 42
„VERDREHEN SIE SICH NICHT!“ 43
„VERDREHEN SIE SICH!“ 44

„BENEBELN SIE SICH NICHT!“

„Benebeln Sie sich nicht dauernd mit Ihrem Dreigroschenroman!“, rügte Comtesse Sandrine Mondkraut Comte Marcellin, sooft dieser zu seiner Lieblingslektüre, der Bibel griff.

Doch war seine Benebelung bereits so weit fortgeschritten, dass ihm zur Abhilfe ein wirksamer ***Ersatz*** hätte offeriert werden müssen – wozu die Gattin sich freilich außerstande sah.

Und außerdem wusste sie natürlich, dass er sie ***ohne*** eine gewisse Umnebelung gar nicht erst geehelicht hätte …

„BENEBELN SIE SICH!“

„Benebeln Sie sich!“

Willfährig gehorchte Sir Stafford Landflucht dem Rate eines wohlmeinenden Gönners, ging in die Politik – und schied am Ende seiner Karriere völlig ***umnebelt*** aus dem Amt.

„BENEBELN SIE MICH NICHT!“

„Benebeln Sie mich nicht!“, rief entrüstet Lady Hetty Sommerhüpf
Pastor Ashgreen Daunenpopsch mitten in dessen Predigt auf der Kanzel zu.

Da aber die übrigen Messteilnehmer längst über alle Maßen vernebelt ***waren***,
wurde die „Gottlose“ höchst unchristlich von ihnen zum Teufel geschickt.

Wo sich erstaunlicherweise dann später just die ***anderen*** einfanden …

„BENEBELN SIE MICH!“

„Benebeln Sie mich!“ – „Wie Sie wünschen, Mademoiselle!“

Eloquent forderte Tutor Florent Stubenmix daraufhin die Studentin Héloise Schauderhupf auf, sich ganz der ***Medizin*** zu widmen.

Da sie aber leider – wie die meisten anderen auch – ausschließlich ***Schul***medizin unter diesem ehrwürdigen Begriff verstand, endete sie zwar als „hochangesehene“ Ärztin, doch schwer krank und kein bisschen klüger.

„BEGÜNSTIGEN SIE SICH!“

„Begünstigen Sie sich nur!“, ermunterte Baron Erasmus Pfefferhut einen Einbrecher, den er in der Bibliothek überraschte, „Wenn Sie dies alles gelesen haben, werden Sie so schlau sein, dass Sie sich ***selbst*** nicht mehr erkennen!“

Da bat der Eindringling in aller Form um Vergebung und nahm in Panik Reißaus.

„BEGÜNSTIGEN SIE SICH NICHT!“

„Begünstigen Sie sich nicht selber – ***Gott*** hat immerzu Vorrang!“

Wo auch immer dieser ***schein***fromme Spruch herrührt – auf ***Erden*** besitzt er wohl ***keinerlei*** Gültigkeit.

Denn hier hat stets der ***Teufel*** Vortritt.

„BEGÜNSTIGEN SIE MICH!“

„Begünstigen Sie mich!“, appellierte eindringlich Graf Pankratius Lustknecht an Schäferhund Nico, während er einen besonders saftigen Knochen feilbot.

Denn er hegte eifersüchtige Zweifel, ob nicht Frauchen ***Kunigunde*** von ihm bevorzugt würde.

Gerührt über so viel Zuwendung akzeptierte der Umworbene die Gabe – und nahm sich ernsthaft vor, seine Gefühle künftig ***gleichmäßiger*** zu verteilen.

„BEGÜNSTIGEN SIE MICH NICHT!“

„Begünstigen Sie mich nicht ständig in aller Öffentlichkeit, mir wird das langsam peinlich!“, wandte sich Lady Avery Wonnemond an Lord Sheridan, der ihr immer wieder mal, wenn sie unterwegs waren, demonstrativ einen zärtlichen Klaps auf den Po gab.

Erst als er dies auch bei ***anderen***, ***fremden*** Passanten tat, war sie beruhigt.

Sehr im Gegensatz zu den Betroffenen natürlich.

„INFILTRIEREN SIE MICH!“

„Infiltrieren Sie mich, Fräulein!“, ersuchte Hofrat Gaston Knallhirn auf der Straße eine Unbekannte.

Da sie aber kein Fräulein ***war***, ließ sie ihn einfach stehen.

„INFILTRIEREN SIE MICH NICHT!“

„Infiltrieren Sie mich nicht!“, verbat sich Monsieur Béchamel Schnauzgack jedweden derartigen Versuch von Madame Ariette in der Hochzeitsacht.

Denn er hatte sich ausdrücklich vorgenommen, der ***Erste*** zu sein, der solches tat!

„INFILTRIEREN SIE SICH!“

„***Infiltrieren*** Sie sich gründlichst, wenn es Ihnen anders partout nicht gelingen sollte, sich selber Herr zu werden!“

Wiewohl sonst strikter Gegner jeder Infiltration, entschloss sich Oberstudienrat Hermelino Muschelbirn daraufhin doch zu einer Ausnahme.

Und war dem Psychologen Federico Federzwirn hinterher so dankbar, dass er sich kaum zurückhalten konnte, auch ***ihn*** zu infiltrieren.

„INFILTRIEREN SIE SICH NICHT!“

„Infiltrieren Sie sich nicht, indem Sie sich ständig kuriose Dinge einreden, die absolut nicht zutreffend sind!“

Sich vordem als Vertreter Gottes aufspielend, war Papst Edelschlauch der Überwältigende nach diesem Erleuchtungstraume plötzlich wie ausgewechselt – indem er sich nun für den Vertreter ***Luzifers*** hielt.

In welcher Rolle er aber dann überraschenderweise weit ***bescheidener*** und „***manierlicher***“ agierte …

„ILLUSTRIEREN SIE SICH!“

„Illustrieren Sie sich, ***dann*** heirate ich Sie vielleicht!“

Da Sir Fraser Nelkensack sich hingegen damit begnügte, der illustren Lady Florence Mundraub bloß sein ***Hinterteil*** zu zeigen – blieb er natürlich ledig.

„ILLUSTRIEREN SIE SICH NICHT!“

„Illustrieren Sie sich doch nicht auf solch penetrante Weise!“, flüsterte eine Stimme in einem Wachtraum dem welkenden Politiker Nepp van Leuchtwein ins Ohr – der mangels anderer wahlfördernder Ideen neuerdings ***Nackt***fotos von sich postete.

Völlig zu Recht davon ausgehend, dass ihm die Bürger angesichts seiner exemplarischen ***Hässlichkeit*** tiefen Respekt und Lohn für so viel Mut zollen würden!

Und noch ganz verfangen in seinem Karrieredenken jagte er den Sprecher einfach zum Teufel.

Als er dann schließlich – wenig überraschend – ***selbst*** dort anlangte, suchte er ihn freilich zwecks Entschuldigung vergeblich …

„ILLUSTRIEREN SIE MICH!“

„Illustrieren Sie mich ein wenig!“, ersuchte Sir Ginster Landflucht seinen Psychiater Buster Rüschenwitz, um endlich einiges über sich zu erfahren, was ihm offenbar noch verschlossen war.

Nachdem der Doktor dem Anliegen gerne gefolgt war, dankte ihm sein Patient enthusiastisch, verzichtete fortan auf seine Dienste – und ging mit gestärktem Vertrauen eine wahrhaft lohnende und erfüllende Beziehung mit sich ***selber*** ein.

Wenn bloß ***alle*** Ärzte so hilfreich wären …

„ILLUSTRIEREN SIE MICH NICHT!“

„Illustrieren Sie mich doch nicht immer!“, wandte Countess Molly Schnauzkraut zwar nicht ohne Stolz, aber stets leicht verlegen ein, wenn Gatte Hurley jedem Gaste sogleich Aktbilder von ihr präsentierte.

Als sie jedoch endgültig hatte von der unfreiwilligen Zurschaustellung, und das Gleiche mit Fotos von ***ihm*** anstellte – ließ er sich entrüstet wegen „Perversion in der Ehe“ scheiden.

DAS HEILSAME ROTZMENSCH

Ein Rotzmensch[1] übte eine derart abstoßende und schockierende Wirkung aus auf seine Zeitgenossen, dass es in Wahrheit schon wieder ***heilsam*** war.

Weil jeder nach einer Begegnung mit ihm für den Rest seines Lebens versuchte, sich nur noch so ***gesittet*** und ***wohltuend*** wie irgend möglich zu verhalten.

---

[1] Ungezogenes Mädchen, Göre

DAS VERSTÖRENDE ROTZMENSCH

Ein Rotzmensch wirkte ausgesprochen verstörend auf seine Umwelt.

Denn jeder fragte sich bange bei seinem Anblick, ob er nicht etwa gar in der ***Hölle*** gelandet wäre.

Als ob es zu solchem Zweifel erst eines ***Rotzmenschs*** bedürfte …

DAS HÖLZERNE ROTZMENSCH

Die renommierte Puppenspielerin Angela Muschelzopf besaß in ihrer stattlichen Marionettensammlung auch ein holzgeschnitztes Rotzmensch.

Und wann immer sie dieses auftreten ließ, war ihr ein ***überragender*** Erfolg bei Klein und Groß gewiss – was sie sich in Anbetracht der vielen ***anderen*** schmucken und fantasievollen Figuren lange nicht erklären konnte.

Bis ihr endlich schlagartig aufging, dass in diese Rolle ihre ***eigene*** Kindheit und Jugend miteinfloss!

Wofür sie sich zunächst zwar etwas schämte, dann aber ihrem heimlichen Star sogar ***Haupt***rollen auf den Leib schrieb – und im Nebenjob auch noch als ***Therapeutin*** wirkte …

DAS PENETRANTE ROTZMENSCH

Als ob sein Auftreten nicht ohnehin schon gereicht hätte, ***steigerte*** ein Rotzmensch seine Penetranz auch noch, indem es überall mit schamloser Vehemenz einforderte, als „gnädige Frau“ behandelt zu werden.

Der man sogar die Hand küssen sollte, mit der sie einem zuvor eine lange Nase gedreht hatte!

DAS STOISCHE ROTZMENSCH

Ein Rotzmensch war von wahrhaft stoischer Gelassenheit.

Sooft sich jemand in aller Form über sein inakzeptables Gebaren echauffierte, entblößte es einfach das Hinterteil, deutete wortlos darauf – und ging weiter.

DAS INDOLENTE ROTZMENSCH

Ein Rotzmensch war derart indolent, dass es sich in ***keinster*** Weise bekümmerte, wenn sich die Leute über sein Verhalten mokierten.

„Die haben eben ***allesamt*** einen Vogel!“, meinte es bloß achselzuckend und schickte sie zum Psychiater.

DAS INSOLENTE ROTZMENSCH

Ein Rotzmensch besaß die Insolenz, jedem, der sich über es erregte, noch nachzurufen, er sei ***selber*** schuld, wenn er auf Erden weile.

Denn hier hätten nun einmal die ***Rotzmenscher*** das Sagen!

DAS INSOLVENTE ROTZMENSCH

Wegen „Insolvenz“ brach die junge Damiana bei den Eltern Justus und Hermine Rebensack ein, wo sie längst Hausverbot hatte.

„***Ohne*** euch, ihr verdammten Rotzmenscher, ***wäre*** ich erst gar nicht in einer solchen Situation!“, rief sie ihnen voller Verachtung zu, während sie sich schockiert bekreuzigten.

Womit sie ja eigentlich nicht ***ganz*** unrecht hatte …

DAS BIGOTTE ROTZMENSCH

Ein bigottes Rotzmensch war felsenfest überzeugt, seine gottgewollte Mission bestünde ausschließlich darin, den Leuten durch sein Beispiel ihre ***eigene*** Niedertracht vor Augen zu führen – und damit letztlich zu ihrer ***Heilung*** beizutragen.

Wo es sich diese Rechtfertigung wohl abgeschaut haben mag …

DAS ROUTINIERTE ROTZMENSCH

Ein Rotzmensch schlängelte sich äußerst ***routiniert*** durchs Leben.

„Gut, dass ich ein Rotzmensch war!“, dachte es am Ende. „Wer weiß, ob ich mich andernfalls ***auch*** so wohl gefühlt hätte auf Erden!“

DAS BORNIERTE ROTZMENSCH

Ein Rotzmensch war so borniert, dass es bis zu seinem Tode als hochangesehene Wissenschaftlerin nicht realisiert hatte, dass es gleichwohl stets ein ***Rotzmensch*** gewesen war.

Und ist damit leider ***mitnichten*** ein Einzelfall!

DAS VIRTUELLE ROTZMENSCH

Ein Rotzmensch hielt sich selber für rein virtuell.

Denn es war selbstkritisch genug, zu meinen, dass es so etwas ja eigentlich nicht ***wirklich*** geben könne.

Doch wie so viele andere auch, ***irrte*** es sich leider ganz gewaltig.

DAS VIRTUOSE ROTZMENSCH

Durch beharrliches Üben vermochte ein Rotzmensch immer ***virtuoser*** seinen Zeitgenossen die Zunge herauszustrecken.

Doch hatte diese auf die Spitze getriebene Fertigkeit durchaus ihren Preis:

Die „Künstlerin“ verschied bereits in jungen Jahren an irreversibler Gesichtsverzerrung.

DAS MARODE ROTZMENSCH

Völlig verbraucht vom kräftezehrenden Antrieb, ständig ***neue*** Unsitten zu produzieren, setzte sich ein Rotzmensch vorzeitig zur Ruhe.

Kaum hatte es sich jedoch einigermaßen regeneriert, startete es durch mit einer ***weiteren*** Karriere.

Diesmal als höchst erfolgreiche Staatsmännin.

„BEFREMDEN SIE SICH!“

„Befremden Sie sich zu allererst einmal selber, damit Sie auch wirklich wissen, was es ***heißt***, befremdet zu sein!“, erfuhr der junge Axel Traumhals im Höheren Psychologiestudium vom erlauchten Professor Adrenalino Nebelhecht.

Doch war er davon so befremdet, dass er glatt meinte, keine ***weitere*** Befremdung mehr zu benötigen.

Und zum außerordentlichen Befremden des Gelehrten lieber die Vorlesung verließ.

„BEFREMDEN SIE SICH NICHT!“

„Befremden Sie sich nicht weiter, indem Sie sich für eine Säuferin halten!“, riet Dr. Frivolet Stachelbein seiner Patientin Madame Susette Dorfschwein, die jeden Abend glaubte, nicht ohne 3 Flaschen Wein zu Bett gehen zu können.

Woraufhin sie reinen Gewissens ihre Ration auf ***vier*** erhöhte.

„BEFREMDEN SIE MICH!“

„Befremden Sie mich!“, forderte Lady Shirley Schnaderhüpf unvermittelt Lord Bertrand auf der Straße auf.

Augenblicklich hob er ein Bein und schaffte das Kunststück, sie durch die Hose anzupinkeln.

Worauf sie derart befremdet war, dass sie dankbar die Scheidung einreichte.

„BEFREMDEN SIE MICH NICHT!“

„Befremden Sie mich nicht mit Ihren Ausflüchten!“ Unwirsch unterband Oberstudienrätin Kathe Brautbarsch die holprigen Versuche von Gatten Anselmo, eine Entschuldigung dafür vorzubringen, dass er in ihrer Abwesenheit nicht auftragsgemäß die Wohnung geputzt hatte.

Und damit er selber ein bisschen befremdet wäre, ließ sie ihn zur Strafe nachts ohne Bettwäsche auf dem Gang schlafen.

„VERFREMDEN SIE SICH“

„***Verfremden*** Sie sich etwas, damit Sie interessanter wirken!“

Für jeden diesbezüglichen Hinweis dankbar, ging der biedere, doch überaus ehrgeizige Amtsrat Flammbert Dudelsack ab sofort in einem ***Balletttrikot*** auf die Straße.

Zu seinem nicht geringen Erstaunen fühlten sich nun aber offenbar alle höchst ***vertraut*** mit ihm – denn jeder wollte ihn gleich begrapschen!

„VERFREMDEN SIE SICH NICHT!"

„Verfremden Sie sich nicht, meine Gnädigste!", warnte eindringlich Dr. Lionel Tischkraut Lady Laetitia Wischbraut – die partout ihren Hund George zu ehelichen wünschte.

Da hatte sie endlich doch noch Einsehen – und heiratete den Arzt.

„VERFREMDEN SIE MICH!“

„Verfremden Sie mich ein wenig, Maestro!“, ermunterte Mrs. Estelle Schaudermichl den eminent angesagten Maler Brion Wildkrapf, als sie ihm Modell saß.

Worauf er ein ***Dromedar*** aus ihr zu machen beliebte.

Nun verklagte sie ihn zwar – gottlob erfolglos – wegen Ehrenbeleidigung. Das Kunstwerk hingegen schlug in der Branche ein wie eine ***Bombe***!

„VERFREMDEN SIE MICH NICHT!“

„Verfremden Sie mich nicht ständig!“, verbat sich Hofrätin Sauline Regenkropf, deren Gatte Omlettino ihr jeden Abend ein ***noch*** verrückteres neues Nachthemd überzog.

Und als sie sich rundweg weigerte, überhaupt noch ein Kleidungsstück im Bette zu tragen – ließ er sich entrüstet scheiden.

„VERDREHEN SIE MICH NICHT!“

„Verdrehen Sie mich nicht ständig!“, rügte Lady Thelma Wollhaupt ihren temperamentvollen Partner Sir Milkhead Bitterzwirn, der beim Tanzunterricht gern zu ***viel*** Schwung an den Tag legte.

Nach erfolgreicher Absolvierung waren jedoch ***beide*** so verdreht – dass sie einander glatt heirateten!

„VERDREHEN SIE MICH!“

„Verdrehen Sie mich, Fräulein!“, bat der überaus wohlhabende Baron Blasius Schaudergott die mondäne Schauspielerin Adele Küchengfrett. Und er offerierte ihr als Gegenleistung die Ehe.

In der sie ihn dann allerdings bald ***so*** verdreht hatte, dass er für den Rest seiner Tage in der Klapsmühle landete …

„VERDREHEN SIE SICH NICHT!“

„Verdrehen Sie sich nicht ***allzu*** sehr den Kopf!“, mahnte Gräfin Sally Winterpopsch ihren Gemahl Saul immer, wenn er sich nach fremden Damen umblickte.

Da er aber partout nicht loskam von seiner Leidenschaft, sorgte sie auf ***ihre*** Weise für Abhilfe – indem sie ihm den ***Hals*** umdrehte.

„VERDREHEN SIE SICH!“

„Verdrehen Sie sich einfach ***selbst*** den Kopf, damit Sie sich endlich besser leiden können!“

„Klingt recht plausibel!“, zeigte sich der mit sich auf Dauerkriegsfuß stehende Mr. Gravin Wildkropf nach anfänglichem Zögern offen für den Geheimtipp des Esoterikers Bacon Windzopf.

Und unterzog sich der Mühe, sich selber immer besser zu erforschen, zu verstehen und zu ***würdigen*** – bis er sich allmählich so sehr in sich verliebt hatte, dass er sich am Ende sogar heiratete.

Aber auch ***ohne*** die abschließende Ehe wäre dieses Rezept so ***manchem*** dringend zu empfehlen …

Printed by Books on Demand GmbH, Norderstedt / Germany